AF320602

RAPPORT

des Délégués de Paris

OUVRIERS RELIEURS

A L'EXPOSITION DE VIENNE

La corporation des Relieurs de Paris, désireuse d'être représentée à la Délégation de l'Industrie française à l'Exposition universelle de Vienne, réunie en assemblée générale, sur l'initiative de la Société civile de Crédit mutuel des ouvriers relieurs, nous ayant fait l'honneur de nous choisir, malgré la persistance de nos refus, pour remplir cette si délicate mission,

Nous venons rendre compte, dans la mesure de nos aptitudes, du résultat de nos observations.

Nous croyons pourtant devoir, préalablement, déclarer que c'est avec un bien vif regret, certes, que nous nous sentons dans l'impossibilité de donner à notre travail cet attrait que, dans de telles circonstances, on eût pu s'attendre à y trouver; mais l'absence d'éléments pouvant intéresser notre corporation nous réduit à un silence presque absolu sur les produits de la reliure qui ont figuré à cette Exposition, la plupart des travaux dignes d'un examen attentif qui s'y trouvaient exposés par la France, ayant déjà figuré à la magnifique et si mémorable Exposition de 1867, à Paris; nos Collègues délégués à cette époque devront,

dans l'intérêt de la profession, nous le croyons, publier le Rapport, dont la première partie seulement est parue, laquelle ne contient qu'une revue historique (très intéressante, du reste), des Expositions qui l'ont précédée, et les autres produits touchant à notre industrie, exposés soit par les exposants viennois ou autres, étant, en général, de provenance parisienne.

Il est regrettable, soit dit en passant à ce sujet, que, dans ces grands concours de l'industrie du monde civilisé, une nation ne tienne pas à honneur de ne soumettre à l'appréciation d'un jury, que le résultat des progrès accomplis par ses nationaux dans ses diverses professions... Nous n'y ajouterons pas de commentaires.

Une Commission, nommée par la corporation, ayant été chargée de diriger les opérations relatives à la délégation et, notamment, de rédiger un mandat, sous forme de questionnaire devant servir de ligne de conduite aux délégués, nous allons nous efforcer de répondre aux questions qui nous ont été soumises, avec toute la sincérité qu'exige un sujet aussi délicat.

Nous croyons devoir, préalablement, rappeler à nos Collègues et à tous que, grâce au résultat d'une souscription publique et de collectes corporatives, ayant produit près de 80,000 fr., cent et quelques délégués purent être envoyés à l'Exposition de Vienne.

Nous remercions, à ce sujet, ceux d'entre nos Collègues, en particulier, qui, par leur abnégation, ont pu contribuer à faciliter à notre corporation le moyen d'être représentée dans cette solennelle circonstance, à l'égal des autres industries.

Dans l'espoir d'être agréables à tous, nous pensons bien faire en plaçant ici une courte relation de notre voyage et quelques-unes des réflexions qu'il nous a suggérées :

VOYAGE

Étant partie de Paris, le samedi 2 août 1873, à quatre heures vingt minutes du soir, la délégation fut placée en train express, dans des wagons de 2ᵉ classe, arrêtés d'avance par les soins d'une Commission nommée, préalablement, en assemblée générale des délégués, pour les besoins du voyage et pour sauvegarder, au besoin, les intérêts des voyageurs, vraie *Commission de surveillance*.

Notre itinéraire nous fit traverser rapidement Meaux, Château-Thierry, Epernay, Châlons, Bar-le-Duc, Commercy, Nancy, Lunéville et Avricourt; puis, notre regretté Strasbourg!... Kehl, Stuttgard, Ulm; puis, la Bavière : Munich, Linz, et nous arrivâmes à Vienne, ayant franchi 1,415 kilomètres (354 lieues), en l'espace de quarante et une heures, y étant arrivés vers dix heures trente du lundi matin (tenant compte de l'avance de trente-sept minutes que les horloges de Vienne ont sur celles de Paris, en raison du degré de latitude plus rapproché de l'Est que cette ville occupe sur notre terre.)

Quels sites admirables ont attiré notre attention sur ce long parcours! Nous avons été charmés surtout à l'aspect élégant et rustique de nombreuses constructions, en forme de chalets, qui se trouvent situées sur un assez long espace avant d'arriver dans la ville. Ces maisonnettes, d'une légèreté remarquable, dont les toits, les fenêtres, les balcons, sont découpés avec une grâce qui rappelle les chalets de la Suisse, sont décorées, à l'extérieur, de couleurs vives de toutes sortes qui sont du plus bel effet; le rouge, le vert, le jaune, le bleu, le rose s'y allient de la façon la plus pittoresque et flattent agréablement la vue, d'autant plus que tout cela se trouve encadré, de toutes parts, par des montagnes recouvertes de verdure et de bois touffus.

Nous avons tous fait la remarque que les habitations, quelles qu'elles fussent, à l'extérieur comme à l'intérieur de la ville, étaient d'une fraîcheur telle, qu'elles avaient dû être, toutes indistinctement, remises à neuf à l'occasion, sans doute, de l'Exposition; pas une maison n'était fanée!...

Le jour de notre arrivée fut consacré à notre installation, qui ne dura guère, ayant été conduits du débarcadère, par des omnibus spécialement amenés pour nous, au lieu où se trouvaient élevés de spacieux et nombreux baraquements (au *Prater*, grand bois servant de promenade, à l'extrémité de la ville opposée au débarcadère, à peu près comme le bois de Boulogne à Paris). Là, à proximité du Danube, ce beau fleuve qui parcourt 2,800 kilomètres (700 lieues) avant de se jeter dans la mer Noire, se trouvaient disposés, en nombre plus que suffisant, des lits qui, pour être très durs, étaient bien tolérables pour nous qui, en général, étions peu habitués à trouver toutes nos aises et ne faisions pas, positivement, un voyage d'agrément.

Nous y sommes arrivés par une chaleur tellement tropicale, que nous n'en avons jamais éprouvé de semblable à Paris!

Après avoir pris un instant de repos et fait un premier repas dans un de nos baraquements servant de réfectoire, nous sommes allés visiter un peu la ville, assez distante de nous, en vue d'annoncer notre arrivée à certains de nos collègues viennois.

Avec quel enthousiasme ils nous reçurent!...

Quelle sympathie nous avons trouvée, en notre qualité d'ouvriers français, près de tous ces ouvriers autrichiens dont, en quelques heures, nous nous trouvâmes entourés, dont quelques-uns nous ont même honorés de la présence de leurs épouses!... Femmes vraiment gracieuses et remplies de la plus charmante amabilité.

Avec quelle satisfaction nous les avons tous entendus porter des toasts (en allemand) à la prospérité de la France et à la paix des peuples! Vœux auxquels nous avons associé ceux que nous formions pour eux. De quels sentiments fraternels nous nous sentions tous animés!

Quels doux souvenirs nous conserverons pour toujours des quelques heures qu'à plusieurs reprises nous avons pu passer ensemble!

Mais en combien de circonstances, en dehors de celle-là

même, nous avons eu à déplorer la diversité des langages !
N'est-ce pas navrant, en effet, de se trouver près d'hommes
(ses semblables !) qui voudraient vous exprimer leurs pen-
sées et ne peuvent se faire comprendre, parce que leur langage diffère du vôtre, et réciproquement ?

Ne se présentera-t-il donc pas, enfin, un homme qui,
ami de l'humanité, pourra trouver en lui les aptitudes et
la persévérance nécessaires pour donner naissance à un
langage qui satisfasse aux besoins de l'humanité régénérée
par la succession des siècles et les lumières acquises ?...

Ne devrait-il être, dans sa simplicité élémentaire, qu'un
moyen de relations faciles entre les diverses industries du
globe... Quel puissant auxiliaire ce serait pour répandre
les lumières et faire progresser les arts !...

Quel progrès amènerait un langage exempt de toutes
ces difficultés et exceptions qui se rencontrent dans tous les
langages, répandus en si grand nombre sur le globe (1) !...

Nous croyons bon d'appeler sur cette question l'attention
de tous les hommes qui comprennent que si l'humanité,
barbare aux temps de son enfance et disséminée, a pu se
former des langages divers, l'humanité civilisée, éclairée,
et par conséquent avide d'union, parvenue à l'âge de sa
virilité, doit pouvoir se donner un langage nouveau, sus-
ceptible d'être adopté par tous, conforme à ses nouvelles
aspirations.

Dans un tel langage, plus de ces lettres inutiles, plus de
mots à significations multiples, plus d'exceptions dans les
prononciations; plus de genres différents pour des mots
autres que ceux désignant des êtres, animés ou inertes, à
sexes différents, plus de mêmes lettres à prononciations
différentes, selon le cas : une règle unique pour tous les
mots, une seule façon de les transformer en verbes, et,
enfin, pour compléter notre aperçu des points sur lesquels
on pourrait méditer à ce sujet (et dont bon nombre d'amis

---

(1) Une note, qui nous a été remise à l'Exposition, nous ren-
seigne sur ce point. Elle nous apprend que la *Bible* est traduite en
deux cent quarante langues !... (Quelle tour de Babel que cette terre
sur laquelle nous végétons !)

de l'humanité se sont déjà préoccupés, mais sans succès jusqu'ici), abstention de mots à prononciation difficultueuse, sauf, peut-être pour des mots scientifiques, et, aussi, adoption de caractères nouveaux; car, pour que toutes les nations puissent adopter un langage nouveau, il est bon qu'il n'emprunte rien à aucun autre langage existant, afin que la susceptibilité natale de chacun soit respectée. Ces projets de langage, du reste, devraient être l'objet d'un concours où serait adopté, par des savants, experts, celui qui présenterait le plus d'avantages, et à l'aide de cette solidarité qui relie entre elles les nations civilisées du monde, on pourrait l'introduire obligatoirement dans l'instruction primitive de l'enfance, conjointement avec le langage du pays natal.

Ce ne sera qu'alors que l'homme, éloigné de son pays, ne se trouvera plus réduit à l'état de sourd-muet (et souvent d'aveugle), au milieu de ses semblables, et que l'on pourra tirer profit, pour tous, de l'intelligence de chacun. Car, si nous sommes portés à donner tant d'étendue à ce sujet, dont nos lecteurs, nous l'espérons, voudront bien nous excuser, c'est par suite de l'immense obstacle qu'en général nous avons rencontré, en Autriche, à remplir notre mission; le plus grand nombre n'étant pas initié au langage allemand, ni même à l'écriture allemande, toutes les inscriptions qui eussent dû servir à nous éclairer, nous étant restées inintelligibles; car, bien que n'ayant pas manqué d'interprètes, selon le cas, c'est là une commodité plus qu'insuffisante.

Revenant à notre sujet, nous dirons donc, relativement à la nourriture, que tout en n'ayant pas été servis selon nos goûts français, ce qui, nous le croyons, a été indépendant de la volonté et des mesures prises par la Commission qui avait reçu mission de traiter sur ce point, nous avons eu une nourriture assez confortable.

Quelques-uns ont pu trouver à s'en plaindre, ne tenant pas assez compte de la situation; mais la plupart d'entre eux ne se sont trouvés dans ce cas que, parce que, contrairement à ce qui devait être, ils ne se rendaient pas aux heures adoptées pour les repas.

Quelques-uns, de même, ont émis l'opinion qu'être

logés en commun était une gêne pour les délégués qui, par
suite de cette circonstance, se trouvaient liés entre eux.
Nous croyons que cet état de choses était nécessaire, au
contraire, car la délégation a dû en tirer avantage, les délégués ayant pu, par ce moyen, se trouver en relations perma-
nentes entre eux et avoir des conférences qui, une fois orga-
nisées, ont été de la plus grande utilité pour tous ; sans
cela, il y eût eu isolement, peut-être désordre ; mais, à coup
sûr, pas d'économie.

Il y a eu aussi quelques objections au sujet de la prise
des repas à heures fixes et en commun.

Nous croyons que, malgré la dépense assez forte que né-
cessitait chaque délégué pour logement et nourriture, il
eût été difficile, pour chacun, de vivre isolément dans les
mêmes conditions, et que d'ailleurs, cela eût-il pu n'avoir
pas d'inconvénient au point de vue de l'économie, l'isolement des délégués eût été funeste à la Délégation.

Nous eussions cependant trouvé bon que le repas du milieu de la journée (à midi) eût pu se prendre au dehors,
afin d'éviter de grandes pertes de temps, chose inévitable,
quand on s'était dirigé dès le matin vers la ville ou l'Exposition, à moins d'y prendre alors son repas à son compte
(forte dépense !) la distance de la ville aux baraquements
étant très grande ou, une fois sortis de l'Exposition, une
nouvelle carte d'entrée étant nécessaire pour y retourner
(ce qui était alors une double dépense), bien qu'en vue de
profiter d'une réduction de 20 0/0, la Commission se fût
munie de cartes d'entrée par séries de dix, circonstance
qui n'a jamais été une difficulté pour aucun (quoi qu'en
aient pu dire certains d'entre nous, paraît-il), à moins de
mauvais vouloir ; car, lorsqu'on ne se trouvait pas dix pour
les utiliser, on entrait un nombre moindre et l'excédant
des coupons, remis à la Commission, restait pour être uti-
lisé par des délégués qui s'y rendaient moins nombreux,
libres même d'en utiliser en faveur de collègues viennois
dont on désirait se faire accompagner dans ses visites (ce
qui nous est arrivé à nous-mêmes) ou en faveur d'interprètes.

Tout ce que nous faisons ressortir à ce sujet est une réponse à ceux d'entre nos collègues de la Délégation qui, tout en étant sans doute bien intentionnés, ont pu formuler quelques plaintes qui nous semblent peu fondées, et nous profiterons même de cette occasion pour témoigner de notre gratitude envers des membres de la commission qui se sont préoccupés des intérêts de la Délégation avec le plus entier dévouement ; pour notre propre compte, nous leur en adressons ici nos plus sincères remercîments.

Nous terminerons cette espèce de digression à notre compte rendu en exprimant le regret que nous avons éprouvé, lorsqu'après un séjour de dix journées à Vienne, il nous a fallu quitter un si grand nombre de nouveaux amis avec lesquels nous avions eu le bonheur de nous comprendre si bien, par la pensée, en l'absence d'un langage commun.

Car l'accueil fait par les corporations ouvrières de Vienne à la Délégation française restera, pour nous, au nombre de nos souvenirs les plus chers !

La Délégation, du reste, par sa tenue, ses procédés, a su se concilier l'estime générale, et ce n'est pas sans éprouver une vive satisfaction que nous nous y sommes vus l'objet de la sollicitude municipale elle-même, laquelle a été jusqu'à mettre à la disposition de la Délégation quelques cartes donnant droit de participation aux fêtes données à l'occasion de la présence du schah de Perse ! La Délégation, néanmoins, malgré cette marque de considération, n'en put faire usage, tant chacun faisait passer, avant tout, l'emploi de son temps (de trop courte durée, déjà) à l'accomplissement de sa mission.

N'oublions pas, non plus, de mentionner ici qu'une vingtaine de membres de la Délégation ont obtenu aussi le précieux avantage de visiter l'Imprimerie impériale de Vienne, et certes ce n'est pas sans éprouver un sentiment de fierté (en songeant que c'était à l'*Industrie française* que s'adressait cette marque de considération et de condescendance) que l'on se rappelle que le Directeur de cet établissement, lui-même, a bien voulu servir de cicérone à ces délégués, leur a fait visiter tous les ateliers dans leurs plus petits détails et a poussé la prévenance jusqu'à faire tirer, en leur présence, des épreuves d'une sorte d'impression très digne de remarque.

Nous ne pouvons manquer d'être heureux d'un tel accueil qui témoigne du degré de considération dont jouit l'Industrie française à l'étranger, en dépit des odieuses calomnies par lesquelles on a si souvent essayé d'amoindrir le mérite des Travailleurs qui ont été la représenter à Vienne.

Aussi la Délégation, au moment du départ, a-t-elle cru de son devoir de témoigner, par une adresse communiquée aux journaux, toute la reconnaissance qu'elle conserverait du sympathique accueil qu'elle avait reçu tant de la part de l'autorité que de celle des ouvriers, des chefs d'établissements et de toute la population en général.

Certes, une plus longue absence eût pu devenir préjudiciable à certains d'entre les chefs d'établissements qui occupaient des délégués, et aussi gêner grand nombre de délégués trop longtemps éloignés de leur famille; mais il est regrettable que le séjour à Vienne n'ait pu, sans inconvénient, être un peu prolongé, car c'était alors que chacun commençait à se familiariser, soit avec les chemins à suivre pour effectuer ses excursions à travers l'Exposition, soit à travers la ville, pour y visiter les ateliers, soit avec les usages du pays, et l'on en eût, en général, tiré grand avantage au point de vue des appréciations à émettre sur les produits exposés ou sur d'autres points.

Nous fûmes donc de retour à Paris le vendredi 15 août, après une absence de quatorze jours, et ayant accompli un voyage de 708 lieues, exempt de tout incident désagréable.

Un certain nombre de délégués ayant pris au départ de Paris un billet d'aller et retour, ce dernier par la Suisse (en y ajoutant un supplément de 12 francs, à leurs frais), la Délégation se divisa en deux parties pour le retour.

Des deux côtés le voyage s'est accompli de la façon la plus satisfaisante, et c'est avec surprise que l'on pourrait constater que nul n'a été atteint de maladie pendant tout ce temps, malgré la présence du choléra à Vienne pendant notre séjour en cette capitale de l'Autriche.

Les quelques détails qui précèdent, relatifs à notre

voyage, tout abrégés qu'ils soient, ne seront pas, nous l'espérons, sans quelque intérêt pour le lecteur; c'est dans cet espoir que nous avons jugé à propos de les consigner ici.

Nous allons, maintenant, faire nos efforts pour remplir notre tâche de notre mieux; mais, afin de faciliter l'intelligence de nos renseignements, nous croyons agir sagement en les faisant précéder des questions sommaires auxquelles nous avons à répondre; nous les ferons suivre dans l'ordre où elles nous ont été posées, et prions nos lecteurs de vouloir bien nous accorder toute leur indulgence si nous ne traitons pas avec plus de succès certains sujets dont l'importance excède nos aptitudes. Que chacun veuille bien, néanmoins, demeurer persuadé que nous aurons fait notre possible pour nous rendre dignes de la confiance dont nous a honorés notre corporation, que nous nous faisons même un devoir de remercier publiquement ici.

Voici donc les questions, ou les matières dont nous avons à nous occuper successivement, et que, pour abréger, nous ne reproduisons, ainsi que nous l'avons dit plus haut, que très succinctement :

1° Se mettre en rapport avec les délégués des autres nations.

Nous n'avons pu trouver l'occasion d'entrer en relation avec les délégués d'autres pays. Des délégués de la Suisse, envoyés par groupes de vingt, se trouvaient seuls, en même temps que nous à Vienne. Ils avaient élu domicile dans des bateaux, sur le Danube, à très courte distance du lieu où étaient établis nos baraquements.

Nous n'avons pu être mis à même de les rencontrer. Il ne s'y trouvait, du reste, pas de relieurs.

2° Etudier les questions industrielles, économiques, techniques de chaque nation.

L'insuffisance de renseignements, de ressources et de temps nous met hors d'état de satisfaire à ce point de notre questionnaire.

3° A. *Quelles sont les conditions hygiéniques des ateliers?*
— B. L'analogie, ou différence des outils et machines
exposés avec les nôtres. — C. Logements.

A. — Nous avons visité deux ateliers, dont les chefs nous
ont témoigné la plus grande affabilité, et c'est avec beaucoup de sollicitude qu'ils se sont mis à notre disposition;
aussi est-ce à regret que nous en faisons la critique, mais
notre devoir l'exige, nous obéissons.

Avant d'entrer en matière, nous croyons pourtant devoir
constater (bien qu'avec peine!) que nous n'avons pu obtenir de la maison Conrad Berg, libraire, l'avantage de visiter son établissement de reliure, sous le vague prétexte que
les Français n'avaient rien à apprendre des Viennois touchant la reliure.

Nous avons été peu flattés, néanmoins, d'un tel éloge en
de telles conditions, qui nous dispensait, du reste, de tous
remercîments.

Reprenons donc notre sujet.

Nous avons pu remarquer, dans ces établissements, un
agencement qui contrasterait fort avec celui des ateliers
français. Il y manque d'abord cette espèce de décorum qui
consiste, dans nos maisons françaises, en général, à cacher la
nudité des murailles qui, chez les Viennois, sont simple-
ment badigeonnées à la chaux, ce qui a pour effet de nous
laisser, à nous Français, une impression de froid semblable à celle que l'on ressent en entrant dans une maison
en construction, ou, encore, dans un atelier de char-
ronnage.

Nous avons même remarqué, dans un de ces établissements, ce qui ne manque pas de contribuer à produire
l'effet que nous mentionnons plus haut, l'absence complète de *parquet* et même de *carreaux*, la *terre foulée* seule,
en formant l'unique plancher.

Nous supposons donc qu'en dépit des *fenêtres doubles*
dont sont pourvues toutes les maisons de Vienne (les hivers
y étant rigoureux), les conditions hygiéniques s'y trouvent fort mal observées sous bien des rapports, et consta-

tons avec plaisir qu'en France l'on s'en occupe, de nos jours, davantage, sauf quelques exceptions !...

B. — L'un de ces établissements, d'assez grande importance, occupant, en temps ordinaire, de cent à cent vingt ouvriers et ouvrières, était parfaitement outillé, quoique manquant (nous avons lieu de le croire, du moins), de certaines machines d'une grande utilité dans la reliure de commerce, telle que la machine à endosser au rouleau, qui conviendrait pour le genre de travail qui se fait dans cette maison.

Nous avons pu remarquer que la plus grande partie des machines, telles que cisailles, balanciers à dorer, étaient à à levier, système inusité en France. Nous en avons conservé des spécimens, afin de les soumettre, s'il y a lieu, à l'appréciation de nos Collègues qui, chez nous, font usage d'autres systèmes.

Nous mentionnerons aussi que, dans un de ces établissements, le volume est rogné de tous points avant l'endossure, ainsi que marbré ou doré (usage qui y est très répandu, et imité de l'anglais). Il s'y fait aussi beaucoup de volumes à tranches rouges, non au vermillon, mais, ainsi que cela se pratique en Angleterre, au cinabre, auquel s'ajoutent, pour le rendre adhérent, un peu de blanc d'œuf et d'ammoniaque liquide. Ce rouge, paraît-il, est bien plus solide et s'écaille moins que le vermillon, lequel n'est que le résultat du cinabre.

Le personnel de ces établissements nous a paru, tout en professant réciproquement un profond respect, jouir, à l'égard des patrons, d'une grande indépendance, ce qui nous a vivement satisfaits.

C. — Les logements, en général, nous ont paru très sains. Quant aux mœurs, sur ce point, voici ce que nous en avons appris :

L'ouvrier viennois, en se mariant, se pourvoit d'un logement plus vaste qu'il ne le lui faudrait pour son propre ménage. Il le fait dans le but de tirer parti de la présence de son épouse au domicile conjugal, trouvant, par ce moyen, la facilité d'avoir chez eux un locataire célibataire, lequel s'y trouve, par les soins de la ménagère, nourri, couché, blanchi, ce qui leur permet de s'exonérer d'une partie de leur loyer.

C'est ainsi que, payant un logement se composant de trois pièces, 200 florins par an (500 francs), ils trouvent le moyen d'en sous-louer une partie environ 7 ou 8 florins par mois (17 fr. 50 ou 20 francs).

Ce procédé qui surprend pour une ville comme Vienne, contenant 579,000 habitants, et qui représente le Paris de l'Autriche, se rapporte à celui pratiqué dans nos petites villes de France.

4° A. De quelle façon procède-t-on pour les travaux? Est-ce collectivement ou par spécialité; aux pièces, à façon, à l'heure ou à la journée? Les prix. — B. Y a-t-il des Sociétés coopératives dans la reliure, et, alors, quels résultats? — C. Fait-on travailler dans des pénitenciers ou autres maisons de détention? — D. La dorure sur tranches s'exerce-t-elle dans les ateliers de reliure ou au dehors?

A. — L'ouvrier est à la journée. Dans presque toutes les maisons importantes, il reçoit les volumes cousus et les doit rendre prêts à dorer.

Dans les petits établissements, il fait tout, sauf la dorure. (Même système que dans nos petites villes des départements, où souvent il fait même la dorure.)

Le maximum de salaire de l'ouvrier à Vienne est de 15 florins par semaine de soixante heures (37 fr. 50 approximativement); celui de l'ouvrière, de 6 florins (15 francs).

Le minimum, sauf rare exception, est de 7 florins (17 fr. 50), et, pour l'ouvrière, de 5 florins (12 fr. 50).

La spécialité de doreur sur cuir est, ainsi qu'en France, le plus largement rétribuée; le relieur, proprement dit, ne gagne, au maximum, que 11 florins (27 fr. 50).

Nous avons aussi appris avec plaisir que, si la déplorable guerre de 1870 a été préjudiciable, hélas! à l'industrie française, elle a porté de meilleurs fruits à colle de nos collègues de Vienne; car c'est depuis cette époque, pendant laquelle nos exportations se sont trouvées si longtemps suspendues, que la journée de douze heures s'y est trouvée réduite à dix, par suite des efforts qu'heureusement ont tentés avec succès les ouvriers viennois qui, en cette circonstance, ont compris la toute-puissance de l'Union !

B. — Quant aux associations, nous avons appris que, moins heureuse que les portefeuillistes, la reliure, à Vienne, n'en possède pas.

C. — En ce qui touche les travaux exécutés dans des pénitenciers, etc., nous dirons que la reliure, en Autriche, a cet avantage sur celle de France, de n'être faite que dans les ateliers et non dans des maisons de détention.

D. — En ce qui touche la dorure sur tranches, il nous a été dit qu'elle s'exécute généralement, depuis peu d'années, hors des ateliers de reliure ; elle s'y fait de la façon la plus médiocre.

L'ouvrier doreur sur tranches gagne à peu près la même journée que le relieur.

5° Quels sont les divers prix : 1° du travail; 2° de la nourriture ; 3° des loyers dans chaque nation ? La cause des différences, s'il y a lieu.

Les renseignements nous manquent touchant les prix que gagne l'ouvrier relieur dans les autres pays, si ce n'est en ce qui concerne l'Angleterre (Londres plutôt), étant à même d'en puiser dans le rapport publié par nos Collègues délégués, en 1862, à l'Exposition de Londres; où il est établi que l'ouvrier, à cette époque (et nous ne sachons pas que ces prix aient depuis subi de modifications sensibles), gagnait à Londres ce que nous indiquons sur le tableau ci-joint :

Tableau comparatif des salaires de l'ouvrier

	Vienne.		Londres.		Paris.	
	fr. c.	fr. c.	fr. c.	fr. c.	fr. c.	fr. c.
Relieurs, de......	2 90 à	4 60	de 6 25 à	7 50	de 4 » à	7 »
Relieuses, de......	2 » à	2 50	de 2 50 à	3 10	de 2 50 à	3 50
Doreurs sur cuir, de.	5 » à	6 25	de 8 25 à	12 50	de 5 » à	8 »

Quant aux prix de la nourriture par jour, il faut, approximativement, compter pour :

Vienne (80 kreutzers), 2 francs ;

Paris, 2 fr. 50 ;

Londres (d'après le rapport de la Délégation de 1862, les dépenses sont dans les mêmes proportions qu'à Paris).

Les prix de logements d'ouvriers sont pour :

Vienne (dans les conditions ci-dessus expliquées), 200 florins (500 francs par an) ;

Londres (rapport 1862), pour deux chambres à cheminée, eau à volonté, 65 francs ;

Paris (si l'on se porte vers la banlieue), 300 francs.

6° A. *Les Chambres syndicales protègent-elles les apprentis? En prend-on au besoin dans les professions similaires? — B. Y a-t-il des écoles professionnelles? — C. Travail des femmes, leur salaire, leur condition sociale, sont-elles admises au Syndicat? — D. Comment les litiges entre ouvriers et patrons se concilient-ils? L'intervention des Chambres syndicales exerce-t-elle une influence morale salutaire? — E. Quelle doit être leur mission dans l'avenir?*

A. — L'industrie de la reliure, à Vienne, n'a pas de Chambre syndicale particulière ; mais il existe une organisation analogue, composée de toutes les spécialités travaillant le papier et le cuir, plus les *coloristes en cartes géographiques* (sauf les selliers, qui se rattachent à la carrosserie).

Quant à l'instruction des apprentis, l'État oblige les chefs d'établissement à leur faire suivre des cours du soir et du dimanche ; dans le cas de contravention à cette loi, une amende leur est appliquée.

La reliure ne se fait pas à Vienne sur une assez vaste échelle pour que le besoin se soit fait sentir de prendre systématiquement des apprentis dans les professions similaires.

B. — Il n'existe pas non plus d'écoles professionnelles de la reliure.

C. — Ainsi que nous l'avons dit plus haut, les femmes sont admises dans les grands ateliers surtout, mais rarement dans les petits, où ce sont les ouvriers qui demeurent chargés d'exécuter les travaux de femmes ; elles gagnent de 2 francs à 2 fr. 50 par dix heures.

Quant à leur condition sociale, elle peut être considérée, pour l'ouvrière, au même point de vue que celle de la femme en France. Néanmoins, il y a lieu de constater, avec regret, que, dans certaine classe, les femmes, en général, se chargent, à Vienne, de travaux pénibles dont ne s'acquitteraient pas les femmes françaises, surtout à Paris, et nous en avons vu fréquemment, portant des charges dans des espèces de hottes-baquets en bois, d'un poids excessif... et les pieds nus!... comme dans nos villages de l'Auvergne ou de la Basse-Bretagne!....

D. — Les litiges entre ouvriers et patrons se règlent de la façon que voici : Tout ouvrier est tenu d'appartenir à une association commune (*Genossenchaft*), instituée dans sa corporation, laquelle est autorisée par l'Etat. Dans chacune de ces Sociétés, dont font partie, également, les chefs d'établissement, sont institués, au cas échéant, des jurys, moitié ouvriers, moitié patrons, ayant pour mission de régler les différends qui surviennent dans la corporation au sujet des travaux.

Les administrations de ces Sociétés se chargent, par la voie de leur président respectif, de guider les nouveaux arrivants dans la corporation et de les aider à trouver des travaux.

Nous croyons bon de citer, à cette occasion, un extrait en substance (traduit de l'allemand), des statuts d'une Société de relieurs, portefeuillistes, etc., à Vienne :

« 1° Les sociétaires ne poursuivent aucun but politique et se bornent à chercher les moyens d'améliorer la position matérielle de leurs membres;

« 2° Ils se proposent d'en avancer l'instruction technique et professionnelle;

« 3° De leur procurer, par les moyens légaux, les renseignements devant les protéger contre l'exploitation des patrons;

« 4° De leur donner des indemnités en cas de chômage, et des secours pécuniaires en cas de voyage;

« 5° De les aider, par tous les moyens, à se trouver du travail;

« 6° Ils se proposent d'améliorer leur situation en ouvrant, à leur usage, des cours sur toutes les sciences utiles à connaître, en dehors de la religion (1).

« 7 Ils doivent aspirer à ce but, aussi, par l'émission de brochures, d'adresses ou de réclamations contre les abus professionnels qu'ils ont à signaler;

« Ils doivent se mettre en relation avec les différentes Sociétés ayant les mêmes aspirations, poursuivant le même but;

« 9° La Société déclare, en outre, qu'ils doivent tenir à l'écart toutes questions relatives à la politique;

« 10° Sont admis à titre de membres honoraires, les hommes qui, en dehors de la corporation, ont rendu des services à la Société ou se dévouent à l'instruction populaire;

« 11° Leur conseil administratif est renouvelé, par moitié, tous les six mois;

« 12° En cas de différends entre sociétaires, chacun des deux plaignants choisit trois membres qui forment un jury,

---

(1) Ces cours sont tenus par des Professeurs auxquels sont payés de faibles honoraires; il y a aussi des conférences, des soirées chantantes ou autres moyens de distraction.

lequel, à son tour, se choisit un président. S'il y a partage des voix, le sort en décide; —

« 13° La dissolution ne peut être prononcée que lorsque la Société ne compte plus que six membres. Dans ce cas, les fonds sont déposés à la Caisse d'épargne. Si, au bout de dix ans, une Société semblable ne s'est pas formée, ces fonds sont versés à la caisse de *Société de secours mutuels* ou *Association commune (Genossenchaft)*, qui comptait le plus de ses membres dans la Société dissoute. »

Nous apprenons avec plaisir que, depuis le mois de septembre 1873, les femmes sont admises dans ces Sociétés.

Il nous semble que de tels statuts démontrent assez que les aspirations de nos collègues de Vienne sont en parfaite harmonie avec les nôtres.

Au sujet de l'influence que peut exercer sur les corporations l'intervention des Chambres syndicales, notre avis est qu'elles ne peuvent être qu'une cause de rapprochement entre ouvriers et patrons, tendant par conséquent à faire disparaître cet antagonisme qui, sans être utile à aucun, nuit à tous; car ce ne peut être que par une entente cordiale entre eux que l'intérêt du patron et celui de l'ouvrier (si intimement liés l'un à l'autre), peuvent être sauvegardés.

N'est-il pas équitable, en effet, que les différends survenant entre ouvriers et patrons soient jugés par égale partie des intéressés ? S'il y a syndicat de patrons, n'est-il pas logique qu'il y ait syndicat d'ouvriers ? Justice pour tous enfin ! car l'ouvrier d'aujourd'hui peut devenir le patron de demain, comme le patron d'hier, peut, hélas ! devenir l'ouvrier d'aujourd'hui ! De ces institutions découlera donc un avantage immense pour l'ouvrier, au point vue des intérêts professionnels et aussi de sa moralisation, seule base de l'autorité civique !... Cet avantage est réel, de même pour le chef d'établissement qui ne peut que gagner à ne se trouver en rapport qu'avec des hommes sachant, par la dignité de leurs procédés, commander à tous et l'estime et le respect.

E. — Quant à la mission réservée aux Chambres syndicales dans l'avenir, elle serait, à nos yeux, de faciliter, entre autres choses, aux corporations, le moyen d'unir leurs efforts pour réaliser successivement tous les progrès possibles dans chaque industrie, et d'arriver à la fondation d'établissements coopératifs, auxquels pourraient être annexés des ateliers spéciaux, servant de base à des écoles professionnelles, dans le but de compléter l'instruction de chacun, en ce qui concerne sa spécialité, d'une part, ou la profession entière, d'autre part.

En ce qui touche la reliure, une théorie, pour toutes les manipulations du travail, pourrait être adoptée à la suite de concours ouverts dans ce but, où se trouveraient consignés les avis de toutes les capacités de la corporation entière, et dans lesquels pourraient être discutés tous les procédés en usage jusqu'à ce jour; il en pourrait résulter aussi une édition nouvelle du *Vrai Manuel du Relieur*, en 1874; les manuels publiés jusqu'ici, dans lesquels aucun des progrès accomplis dans la reliure depuis quelques années ne sont mentionnés, ne contenant que procédés inacceptables et surannés.

Ce Manuel pourrait, en outre, contenir une histoire de la Reliure, si ignorée de la plupart des relieurs eux-mêmes; dans laquelle seraient au moins mentionnés les noms des hommes qui, par leur talent, ont su porter cette industrie à la hauteur de l'art; car combien encore ignorent les noms des Maioli, des Grolier, de Thou, Du Seuil, Le Gascon, Padeloup? des Derome, Bozerian, Ducastin, Lesné, Simier, Purgold, Thouvenin; des Lunier-Bellier, Duplanil, Keller, etc., etc., etc., qui ont illustré de leurs travaux notre profession que, grâce aux progrès réalisés par eux, les bibliophiles savent si bien apprécier de nos jours, et dont les noms sont désormais passés à la postérité (1).

De là pourrait découler encore l'institution d'une bibliothèque corporative, cause si puissante de moralisation pour tous!

---

(1) Nous signalons avec plaisir, à cette occasion, les quelques détails fournis en ce sens par nos Collègues délégués en 1867, dans la première partie de leur rapport, dont nous avons parlé plus haut.

7° A. *Les exposants occupent-ils des ouvriers français ?*
B. *Leurs produits ont-ils été fabriqués chez eux ? Dans le cas contraire, quelle est leur provenance ?*

A, B. — Les exposants viennois n'occupent pas, que nous sachions, d'ouvriers français; mais, en revanche, ainsi que nous l'avons dit, les principaux produits figurant dans la vitrine de l'un des exposants viennois étaient de provenance parisienne.

8° *Les matières premières, leur qualité, prix et provenance.*

Nous n'avons pu obtenir de renseignements très détaillés sur les matières premières; cependant nous nous sommes procuré des échantillons de deux sortes de papier blanc à l'usage de la reliure, dont l'une, d'une pâte assez ordinaire et d'un format à peu près carré (car les formats n'y sont pas absolument comme les nôtres, ils sont plus étroits et plus hauts) vaut 3 florins et 10 kreutzers la rame (7 fr. 75), qui ne se compose, à Vienne, que de 480 feuilles (non de 500, comme en France), la main étant de 24 feuilles.

L'autre, d'une pâte plus blanche et plus fine, donnant un papier un peu plus fort, et de format à peu près raisin, se paye 5 florins 90 kreutzers (14 fr. 75).

Quant aux papiers de couleur, pour gardes et plats, ils sont identiques à ceux que nous employons; les Viennois les tirent généralement d'Aschaffenbourg (Allemagne), sauf le papier marbré, qui se fabrique à Vienne.

Nous avons aussi des échantillons de papier de paille, qui sont extrêmement fins de pâte, et nous paraissent bien supérieurs à ceux que nous employons en France, et pourraient être utilement employés en reliure; ils représenteraient le papier goudron; il est, comme celui-ci, lisse d'un côté; nous en ignorons le prix.

Nous avons, de même, des échantillons de carton de Vienne; les uns sont d'une pâte gris-savon, les autres d'une teinte un peu rousse; l'un d'eux d'un blanc-gris. Ces pâtes sont très belles et souples, mais elles manquent de laminage.

Un spécimen de carton-paille, fabriqué à Hambourg, est d'une extrême finesse et loin de ressembler, sous ce rapport, à celui que nous possédons, où l'on trouve d'énormes fragments de paille.

Nous avons, en outre, du carton de bois; ce dernier est employé par les Viennois comme doublure intérieure des autres cartons; car il est d'une très belle apparence, mais très fragile, très cassant; il donne néanmoins, outre de l'épaisseur, de la rigidité.

Le prix de ces différents cartons nous a été, sans plus de détails, donné comme suit :

```
Cartons gris (les 50 kilogrammes) . 10 fl.      (25 fr. 00)
Carton de bois        id........    9 fl.       (22 fr. 50)
Carton de paille      id........    7 fl. 50 k. (18 fr. 75)
```

Comme matières premières, nous avons aussi quelques spécimens de *peau de phoque* ou *chien marin*, très bien tannée, dont les couleurs sont de très belle nuance.

Cette peau a un grain qui peut rivaliser avec avantage avec le maroquin du Levant; elle se travaille bien. Il nous a été dit, à Paris, qu'elle était généralement grasse, ce qui serait un obstacle à son emploi pour les reliures précieuses; nous avons voulu vérifier le fait, et l'expérience que nous en avons faite nous a démontré qu'elle est parfaitement sèche et ne graisse point. Les Viennois en font un très grand usage depuis déjà quelque temps, bien qu'à Paris elle soit fort peu employée; ils en font de superbes ouvrages en maroquinerie. Cette peau, en raison de ses petites dimensions, et valant 6 florins (15 fr.), est d'un prix, relativement, très élevé.

Quant au chagrin, il est comme celui que nous employons, si ce n'est qu'étant mieux tanné, il est bien plus souple à employer; il provient généralement des fabriques de Mayence; il en est de même du veau.

Nous avons vu aussi de beaux produits de Russie: cuirs quadrillés, grains d'orge et autres, ainsi que lisses, des

peaux d'une très belle fabrication « apprêtées pour la reliure, » des chèvres de différentes couleurs bien réussies et
bien tannées, provenant de la maison Théodore SAVIE, de
Saint-Pétersbourg; mais l'absence des exposants s'étant
trouvée, comme l'Exposition elle-même, *universelle*, nous
n'avons pu avoir le loisir d'obtenir aucun renseignement
sur le prix de ces peaux. Cette circonstance, hélas! s'est
présentée plus d'une fois (peu d'exposants avaient assez de
constance pour résister à l'isolement qui se faisait autour
d'eux), et nous n'avons pu, même à plusieurs reprises
(simple exemple), parvenir à être mis à même de faire une
acquisition de papier de Chine, dont l'un de nous avait
bien voulu se charger, en dépit du bon vouloir qu'a dé-
ployé, en cette circonstance, un des gardiens autrichiens
préposé à l'exposition des produits de la Chine et du Japon,
qui en était abondamment pourvue.

*9° Quels efforts ont été tentés par les différentes nations,
pour leur émancipation? Causes d'insuccès.*

Nous manquons de renseignements pour satisfaire à ces
questions.

*10° Quelles sont les localités où existent des Sociétés
coopératives? Ont-elles exposé?*

Il n'en existe pas, que nous sachions.

*11° Quelle a été, dans son ensemble, l'impression produite par
l'Exposition sur le public? Quels progrès réalisés dans
notre industrie, s'il y a lieu, depuis l'Exposition de 1867?*

Nous ne saurions, sans manquer de justice, ne pas reconnaître que l'Exposition renfermait des produits vraiment
remarquables; seulement, c'est avec peine que nous rap-
pelons ici que notre industrie n'y a rien présenté de nouveau, la plupart des relieurs riches ou d'amateurs qui s'y
trouvaient, ayant déjà figuré à l'Exposition de 1867, et les

travaux de ce genre, exposés par les Viennois entre autres, étant presque tous de provenance parisienne.

Selon nous, l'Exposition était très peu fréquentée; nous croyons que cela a beaucoup dépendu de ce qu'il fallait s'exténuer de fatigue pour y visiter, par une chaleur extraordinairement excessive, les produits des différentes nationalités qui s'y trouvaient trop disséminés, par suite de l'abusive dimension affectée au palais de l'Exposition; en effet, il sera facile d'apprécier ce qu'il y a eu d'excessif dans les dispositions prises pour l'installation de cette arène des Arts et de l'Industrie, en comparant les différentes superficies consacrées à cet objet aux précédentes Expositions, d'après les statistiques publiées sur ce sujet: ainsi, en 1851, la superficie employée pour le Palais de cristal fut de 8 hectares; en 1855, à Paris, de 10 hectares; en 1862, à Londres, de 18 hectares et demi; et en 1867, à Paris (Exposition qui, nous le croyons, avait des proportions suffisantes), de 44 hectares.

Or, l'Exposition de Vienne, en 1873, chose fabuleuse! occupait, au *Prater*, 233 hectares, avec ses annexes!...

Cette exagération, outre l'inconvénient signalé plus haut, de faire subir aux visiteurs de longues et exténuantes courses, avait celui de retirer à l'Exposition cet aspect d'ensemble qu'on y eût dû trouver, et de donner à ces immenses galeries l'aspect d'un désert enrichi des produits de peuples absents!...

L'avis général était encore que la colossale rotonde du centre (dont les dimensions étaient doubles de la coupole de Saint-Pierre, de Rome), était très insuffisamment éclairée, pour les produits magnifiques qu'elle contenait.

Cette excessive disposition à faire grand doit être (d'après l'avis d'hommes compétents), un écueil à éviter pour l'avenir, et nous pensons aussi qu'il serait peut-être plus sage, dorénavant, de ne donner place, dans de telles exhibitions, qu'à des produits hors ligne, adoptés dans des concours nationaux, ouverts dans ce but, à l'exclusion de produits de peu de mérite; ce qui éviterait l'emploi exagéré d'une si vaste superficie de terrain.

Nous avons visité l'Exposition un des jours où l'entrée se

payait double; nous espérions y être moins isolés, ce jour devant être surtout celui de certaine catégorie de visiteurs, peut-être; mais ce désert nous a paru encore plus grand. Il en eût été de même, il est vrai, à Paris, en 1867 notamment, si l'on eût choisi ce jour-là pour être moins porté par la foule. Nous l'avouons, cet isolement, dans un tel lieu, nous a poussés à déplorer les causes qui ont pu contribuer à produire un si triste résultat.

Voici, selon l'ordre où nous les avons visitées, les reliures qui ont le plus attiré notre attention :

BRÉSIL

Nous voyons plusieurs registres cuir de Russie, à coins, rouges, avec plats en veau fauve, tranches peignes, nerfs énormes, fantaisie, bonne exécution; nous ne citons ces produits que pour leur originalité, car ce travail dépend surtout de la papeterie.

ÉTATS-UNIS D'AMÉRIQUE

Exposition collective des libraires (une douzaine approximativement). Travail très ordinaire de volumes, généralement en demi-toile, avec titres à la partie supérieure du dos, type anglais. — Quelques demi-reliures, mais surtout des toiles pleines, manquant généralement de goût.

ANGLETERRE

Maison Zahnsdorf, de Londres. — La *Sainte Bible*, de la maison Mame, de Tours; illustration par G. Doré. Deux volumes in-folio, mar. Lavallière clair poli, avec larges bandes Lavallière foncé, encadrant le plat; milieu à dessin, genre Grolier; mosaïque noire, verte et violette, entourant une croix grecque mosaïquée verte, ornée d'une couronne d'épines au centre.

Cet ouvrage était d'une belle composition, mais manquant par l'exécution ; il semblait, du reste, avoir subi des altérations ; l'un des deux n'était qu'apprêté à la dorure. — Cet ouvrage (sauf erreur), a figuré à l'Exposition de 1867, à Paris. Nous n'avons pu, du reste, l'apprécier à fond, n'ayant pas joui de l'avantage de l'examiner à la main, comme, du reste, cela nous est arrivé pour presque tous les exposants.

Il s'y trouvait aussi un grand in-4° mar. Lavallière clair, *Uhland's Gedichte*, dessin Grolier, mosaïque noire. Ce volume avait des doublures en peau avec semé or. Ce travail nous a paru bien exécuté, autant qu'il nous a été possible d'en juger, ce volume étant en vitrine et ne se trouvant que très peu ouvert.

Histoire de la Porcelaine, Jackson. In-8°, maroq. Levant rouge ; même genre de dorure, mais dont l'exécution laissait à désirer.

History of the Jésus. — Veau fauve ; dos naturel, plats racinés. Cette racine, formant dans sa longueur une nuance plus claire, était d'un très bon effet ; c'est tout ce qui pouvait attirer l'attention sur ce volume, qui, comme les autres, n'a pu être vu qu'à distance. Dorure : plats encadrés d'une roulette padeloup ; dos analogue.

PORTUGAL

Néant.

ESPAGNE

Néant.

FRANCE

Librairie HACHETTE, de Paris. — Le représentant de la maison nous apprend qu'elle n'expose que ses éditions, et que la reliure n'y étant que comme accessoire, il ne nous serait d'aucune utilité d'examiner ses ouvrages. Nous avons pensé ne pas devoir insister ; néanmoins, nous avons aperçu au travers de la vitrine quelques reliures, maroquin poli, signées : Gruel.

Un exemplaire des *Evangiles* Bida figurait aussi à cette exposition, et nous a paru d'une bonne exécution.

Maison MAME ET FILS, de Tours (Indre-et-Loire). — Le représentant de la maison Mame, M. Blandin, c'est avec plaisir que nous le constatons, s'est mis avec empressement et avec la plus charmante bienveillance à notre disposition, mais a cru devoir nous avertir (au cas où nous ne nous en serions pas aperçus, dit-il), que tout, ou presque tout ce qui composait son exposition avait déjà figuré à l'Exposition de 1867, à Paris; n'ayant été averti que trop tard, nous a-t-il dit, pour que la maison pût se mettre en mesure de présenter de nouveaux travaux, dont l'exécution eût été trop longue.

Nous avons pu remarquer, entre autres choses très luxueuses : une *Touraine*, une *Sainte Bible*, tirée sur vélin. *Les Caractères de La Bruyère*; cet ouvrage, avec gardes en vélin, ornées d'une grecque or, très bien exécutée.

Un *Bréviaire*, maroquin du Levant, rouge, poli, dos souple, quatre nerfs; en un mot, tous volumes (sauf rares exceptions) déjà examinés par la Délégation de 1867, qui, naturellement, ont perdu de leur fraîcheur.

Chacun connaît la variété et la richesse des dessins composant la dorure des ouvrages de la maison Mame. Nous n'insisterons pas pour en renouveler l'éloge, tout en devant rappeler qu'ils pèchent souvent par l'exécution et par le manque de nourriture de l'or.

M. Blandin a saisi cette occasion pour nous faire ressortir la modicité surprenante des prix de certains de ses ouvrages, qui doit servir d'excuse à leur manque de perfection; nous n'essayons pas d'en faire comprendre la cause, la Délégation de 1867 s'en étant occupée d'une façon spéciale.

Nous ne saurions terminer les quelques notes que nous prenons sur la maison Mame, sans remercier bien sincèrement M. Blandin de l'accueil vraiment sympathique que nous en avons reçu.

Nous mentionnerons ici que la maison Mame a obtenu une médaille d'honneur et M. Hippolyte Barbot, contremaître de la reliure, la médaille de coopérateur.

Maison Martin TINOT, de Reims.

Des demi-reliures, veau, mar. plein, rouge; dorure Derome (dentelles).

Plusieurs grands in-4°; dorures dentelles, exécution paraissant satisfaisante à travers la vitrine, d'un examen difficile. Ces reliures avaient beaucoup du cachet parisien et
nous ont laissés dans le doute sur ce point.

La maison Tinot est portée sur la liste des récompenses
sous les initiales J. B. N. A., nous ne savons pourquoi, et
sous la désignation : 11e groupe, reliure. M. Tinot a obtenu un diplôme de mérite; nous croyons que les produits
exposés étaient bien dignes de cet honneur.

Maison LORTIC, de Paris.

Un avis apposé sur la vitrine nous apprend que, pour
tous renseignements, on ait à s'adresser chez M. Gerold.
Nous y étant transportés, nous apprenons avec surprise
que nul ne peut obtenir l'avantage de toucher aux ouvrages
exposés par M. Lortic, et que les personnes désireuses d'en
faire acquisition pourront être informées du prix, mais n'y
peuvent toucher.

Bien qu'ayant fait connaître notre qualité de délégués de
la corporation des relieurs de Paris, nous n'avons pu obtenir aucune concession sur ce point et nous nous sommes
vus forcés de nous borner à n'apprécier les travaux exposés
par M. Lortic qu'au travers des glaces de la vitrine, où ne
se laissait voir que la dorure, seul point du travail qui
semblait être exposé; bien qu'un volume mal relié puisse
être très bien doré (cas très fréquent dans les volumes anciens, dont le plus grand nombre même ne doivent leur
réputation qu'à la perfection de leur dorure).

Voici, néanmoins, ce que nous avons pu remarquer dans
cette exposition des reliures de M. Lortic (qui, certes,
étaient sans rivales à Vienne), mais dont un grand nombre
se laissaient voir de la hauteur d'un entre-sol.

Un in-4° : *Missale Leodiensis ecclesiæ*, mar. Lavallière,
poli; dorure, dessin mosaïqué (seizième siècle), bleu, rouge,
jaune et vert; armes fleurdelysées, portant la devise : *Deus
et dies*, édition de 1540, Paris.

Cette reliure paraissait bien exécutée, ainsi que la dorure; mais, peut-on apprécier, en de telles conditions?

Un volume in-4° : *le Roman de la Rose*, mar. rouge, poli; dorure quinzième siècle, avec bandes en champ; dessin genre monastique (ou incunable), au milieu duquel un quadrillé de doubles filets cintrés à froid avec fleurs or dans leur centre.

Une *Plaquette* in-8°, mar. rouge ancien, avec bandes en champ, même genre que ci-dessus, au milieu duquel un dessin Grolier or, formant médaillon, avec ce titre : *Sibbmachers. Orfèvrerie au marteau de Nuremberg*, 1596.

Un *Missale* in-4° : mar. Lavallière, poli; mosaïqué. Le milieu du plat est orné d'une croix grecque contenant à ses extrémités les attributs des quatre Evangélistes, et, au centre, l'image de la mère du Christ, le tout entouré d'un dessin *grands branchages*, se terminant par un dauphin.

Le genre attribué à cette composition, d'après l'exposant, appartiendrait au treizième siècle; selon nous, il ne peut être attribué qu'au seizième siècle. Ces mosaïques sont d'un bon goût et de bonne exécution.

Nous y remarquons encore un autre *Roman de la Rose*, mar. rouge, poli; dorure genre Grolier, mosaïqué de bleu, de vert et de rouge, avec bande mosaïque verte encadrant le dessin.

Un exemplaire des *Contes de La Fontaine*, en deux volumes in-12°, mar. Lavallière clair, poli; dorure désignée *dix-neuvième siècle*, se composant de plusieurs filets formant parquet, dont les milieux sont ornés de fleurs mosaïquées remplies par un pointillé (1).

---

(1) Cette dorure (attribuée à notre siècle) nous a rappelé pourtant un travail bien exécuté, datant d'un temps bien plus reculé et connu sous le nom de *dorure, genre oriental*, que nous avons eu l'avantage de voir à la Bibliothèque de l'Arsenal, à Paris, la veille de notre départ, M. Paul Lacroix (bibliophile Jacob) ayant eu l'obligeance (sur la demande d'un de nos collègues, délégué en 1867, qui nous y a accompagnés) de nous conduire aux vitrines où sont renfermées les reliures précieuses et originales les plus anciennes.

Nous profiterons de cette circonstance pour en témoigner à M. P.

Une *Plaquette* in-12°, mar. Lavallière, poli ; dorure *Fanfare*, identiquement semblable aux anciens types de l'époque, tels qu'il nous a été donné d'en voir à la Bibliothèque de l'Arsenal.

Un volume in-12°, seizième siècle, *Entrée de François Ier à Béziers*, mar. bleu clair poli, avec bandes en champ ; genre incunable ; dessin de filets or entrelacés, dont le milieu forme médaillon orné d'un dauphin.

Un volume in-18, mar. rouge, poli : *Œuvres du sieur Régnier*, dix-septième siècle (1652), dorure qui se rapporte au genre Legascon. (Les têtes servant de type à ce genre, et qui représentent Legascon lui-même, au lieu d'être faites en *pointillé* comme sur les originaux qui se trouvent à la Bibliothèque déjà citée, sont pourtant ici représentées par un *fer plein*.

Un volume in-8° : Ar. Beschet, *le Roi chez la Reine*, mar. rouge, poli ; dorure, dentelle Duseuil, 1864.

Un volume grand in-8° : *le Temple de Gnide*, mar. Lavallière poli ; dorure dix-neuvième siècle, composée de filets entrelacés, or, formant des milieux s'alternant de croix mosaïquées et de roses également mosaïquées ; ces mosaïques étaient d'une exécution très difficultueuse, les croix étaient bleues avec milieu rouge et les roses alternativement jaunes ou roses avec feuilles vertes.

La dorure, néanmoins, un peu trop chargée, empêchait de reconnaître les nuances de la mosaïque.

Un volume grand in-8° : Dorat, les *Baisers précédés du mois de mai*, mar. bleu azuline, poli ; dorure, dentelle genre Derome.

Un volume in-8° : Dorat, *Fables nouvelles* (La Haye,

Lacroix notre plus parfaite gratitude et aussi pour l'empressement avec lequel il nous a mis à même, lui, d'examiner *à la main* tous ces volumes, qui sont autant de chefs-d'œuvre (en se reportant à l'époque de leur exécution).

Nous le remercions, en outre, au nom de la corporation, de l'offre qu'il nous a faite de se tenir toujours à notre disposition, touchant les renseignements de quelque utilité qu'il nous pourrait fournir, relativement à notre profession.

1773), mar. rouge, poli, pièces vertes ; dorure, dentelle genre Derome.

Un volume in-18, mar. vert clair : Voltaire, la *Pucelle* (Londres, 1780), genre Duseuil.

Un volume in-8° : *Œuvres françoises de Jean de la Jessié*, mar. rouge poli ; dorure Padeloup ; au milieu du plat, les armes de la chevalerie représentant une colonne surmontée d'un casque de chevalier.

Plusieurs de ces volumes avaient des intérieurs avec dessins, filets mosaïqués, etc.

Nous devons constater que la dorure de tous ces volumes étant très fournie en or à la *couchure*, avait un beau brillant et surpassait aussi, sous ce rapport, tout ce qu'en fait de dorure nous avons vu à l'Exposition.

M. Lortic est porté sur la liste des récompenses sous la désignation : M. Lortic, 10° groupe, livres et manuscrits. M. Lortic a obtenu la médaille de progrès.

C'est un honneur que M. Lortic ne pouvait manquer d'obtenir dans cette exposition où il était sans rival pour le genre qu'il a traité.

Nous avons éprouvé quelque embarras dans nos recherches de ce que (nous ne savons nous expliquer pourquoi) M. Lortic dépend du 10° groupe, quand M. Tinot, de Reims, se trouve compris dans le 11°, et de ce que M. Lortic, *relieur*, est mentionné sur la liste sous ces mots : *livres et manuscrits*, bien que le susnommé, *relieur* aussi, s'y trouve qualifié sous ce mot (le seul vrai) : *Reliure*.

Nous avons pu reconnaître que tous les deux y exposaient cependant de la *reliure*.

Cette circonstance de désignation différente pour un même art pourrait porter bien des gens (nous le craignons) à croire que l'un des deux n'a exposé que des livres et manuscrits, dépendant donc de la *librairie* ; car, sans cela, il eût fallu (nous le pensons, du moins) adopter cette rubrique : *reliure de livres et manuscrits* (admettant que ce dernier article soit une spécialité pour l'exposant).

Nous regrettons aussi que M. Lortic n'ait pas jugé à propos (sans doute) de faire connaître, à l'exemple de la maison Mame, de Tours, le nom de l'ouvrier qu'il a pu avoir pour coopérateur dans ce travail de dorure, qui semblait être surtout l'objet de son exhibition ; cette justice rendue à l'artiste eût rapporté, sans doute, à celui-ci une médaille de coopérateur, honneur qui n'eût été, selon nous, qu'une récompense bien méritée (1).

En résumé, nous ne pouvons que féliciter tous les exposants de la reliure française d'avoir pris part à ce concours dans lequel la France a pu être appréciée à sa juste valeur, tout en déplorant qu'ils y fussent en si petit nombre.

Nous ne pouvons, à notre grand regret, compter dans ce nombre les relieurs qui ont fait de belles et bonnes reliures pour le compte du Cercle de la Librairie de Paris, ces volumes n'y ayant pas été exposés comme *reliure*; il en a été de même de la maison Dalloz, de Paris (éditeur du *Dictionnaire de Jurisprudence*), ainsi que de la Faculté de médecine de Paris qui a fait figurer à l'Instruction publique certain nombre de thèses les plus remarquables. Ces volumes étaient enrichis de reliures maroquin plein poli, à biseau. Les noms, même de la plupart des relieurs qui ont exécuté ces travaux, nous sont restés ignorés.

BELGIQUE

Maison GUYOT, Eugène, de Bruxelles. — Des demi-reliures, veau, chagrin et levant, à tranches rouges.

Nous remarquons que ces volumes, outre le filet qui, d'ordinaire, borde le papier au mors et aux coins, possèdent un encadrement de simple filet sur la peau des mors et des coins, ce qui nous a produit un effet assez bizarre et nous a semblé même de mauvais goût. Le travail, néanmoins, nous a paru très proprement exécuté.

---

(1) L'on nous affirme que la dorure de la plupart des livres exposés par M. Lortic, a été exécutée par M. Maillard, 165, rue d'Alésia (14e arrondissement).

SUISSE — EMPIRE OTTOMAN — JAPON — CHINE
ROUMANIE — PERSE

Néant.

GRÈCE

Une vitrine de ce pays contenait quelques reliures, mais elles nous ont paru provenir de fabrication parisienne. Ce motif nous suffirait pour ne pas nous étendre sur leur exécution qui, du reste, n'avait rien de remarquable.

RUSSIE

Maison Barasch, de Moscou. — Albums dont les plats sont incrustés d'une plaque d'*écorce de bouleau*, offrant, au point de vue de l'inventeur, une grande solidité et des couleurs inaltérables.

Pour nous, cela a un aspect de *liège*; quant aux reliures, elles nous ont paru assez bien exécutées.

Nous avons remarqué un in-8°, veau russe, vert mat, avec mosaïque rouge, bleu et Lavallière; dorure assez originale, portant au milieu une petite croix mosaïquée produisant fort bon effet; les coins étaient légèrement arrondis, les bords biseautés; tout cela était d'assez bon goût; quant au dos, mosaïqué, qui ne portait que trois nerfs, il nous a paru d'un goût très bizarre.

Deux buvards à peu près dans le même style, dont la dorure, faite au balancier, se composait de filets entrelacés formant compartiments, et dont l'effet nous a paru trop lourd.

Un in-4°, chagrin rouge, à biseau et à coins arrondis, n'ayant rien de remarquable.

C'était là le contenu de la vitrine de la maison Barasch.

Adolphe Kautor, de Varsovie (Pologne). — Un volume in-fol°, rouge, chagrin, ayant un nerf en tête et en queue, plaque-relief formant bâtons et feuillages.

Quelques volumes de grand format, d'un travail assez ordinaire, ayant ceci de particulier : que les tranchefiles-comètes étaient de peau dorée.

ÉGYPTE

Néant.

HONGRIE

Maison GILLER (Buda-Pesth). — Différentes reliures en veau, à pièces potassées; très ordinaires.

Deux in-8°, paraissant être vache-russe unie, avec marbre à la potasse; tranches unies vertes, plats entourés de bandes gaufrées, genre monastique, ornés d'une croix mosaïquée, à filets; deux fermoirs incrustés dans les cartons entaillés à cet effet. Ces volumes étaient d'une exécution laissant beaucoup à désirer et d'un effet déplorable.

Plusieurs livres de piété en ivoire et avec applications reliefs; assez mal exécutés également.

Maison RÆTH MŒR, de Pesth. — Assortiment de reliures en toile pleine, très proprement exécutées; plaques tirées au balancier.

AUTRICHE

Maison Conrad BERG, de Vienne. — Des in-12 et in-18 Levant, dont les plats étaient dans leur presque totalité recouverts de veau incrusté avec peintures très bien exécutées, d'un genre tout nouveau, mais devant s'approprier mieux à la maroquinerie, tels que *nécessaires*, porte-cigares, etc.

Un missel in-fol°, garniture bijouterie, or, émail et verroteries, de bon goût; mar. du Levant Laval, presque grenat (espèce de rouge ancien), représentant, en métal, les attributs des quatre Évangélistes et au centre le Christ remettant les clefs à saint Pierre.

Ce tout superposé, dans son ensemble, sur le plat doit certainement faire obstacle à l'ouverture; le bord de cette plaque, très élevée, étant trop à proximité du mors.

Plusieurs volumes maroquins, de diverses nuances, avec dorures-dentelles, genre Duseuil, provenant de la maison Gruel, de Paris. Bien que n'ayant pu les observer que dans les conditions ci-dessus énoncées, ces ouvrages nous ont produit très bon effet.

Certain nombre d'ivoires et nacres, de provenance évidemment parisienne, avec tranches ciselées et autres.

Maison GRONER, de Vienne (relieur de la cour). — Spécialité de volumes-boîtes destinés à renfermer des diplômes. Ces sortes d'ouvrages étaient ornés de riches bijouteries et d'un bon goût. La vitrine ne contenait, du reste, que cinq ou six spécimens très riches de ce genre de travail.

Maison STROLL, de Vienne. — Nous remarquons plusieurs in-4°, reliés, en vélin, avec filets entrelacés, mosaïque peinte; d'un assez bon goût, mais laissant à désirer pour l'exécution; très mauvaise dorure sur tranches.

Maison SENFFT, de Prague. — Un missel à relief avec application de sujets en ivoire, entourés d'énormes cercles en métal doré, surmontés à leur tour de filets en reliefs dorés; larges baguettes de métal doré entourant les bords du carton; deux fermoirs; tranche ciselée assez ordinaire.

Maison KRITZ, de Vienne. — Ce n'est pas sans regret que nous aurons à remplir notre mission avec impartialité quand il s'agit de cet exposant, car notre devoir nous oblige à ne dire de son travail que ce que nous en pensons, et c'est pourquoi nous prions M. Kritz de n'y point voir la plus faible apparence d'ingratitude de notre part. Du reste, M. Kritz est homme à nous comprendre.

On nous excusera ce préambule, nous en sommes certains, quand nous aurons appris au lecteur que M. Kritz (qui parle français et a même travaillé à Paris) nous a fait l'accueil le plus cordial, qu'il est un de ceux dont nous avons eu l'avantage de visiter l'établissement (dont nous tenons bien des renseignements), qu'il nous a traités en amis et qu'il a été le seul exposant de Vienne dont nous ayons eu l'avantage de pouvoir visiter les produits tout à notre aise.

Aussi, avant que de soumettre (ainsi que notre devoir nous l'impose) son travail à la critique, ou plutôt à l'appréciation que nous en devons tirer, nous empressons-nous avec bonheur de lui en adresser publiquement ici nos remercîments les plus sincères et de l'assurer de notre bien durable sympathie.

M. Kritz, nous ouvrant donc sa vitrine avec la plus aimable bienveillance, en met le contenu tout à notre disposition, et nous commençons par observer :

Un in-18 : *Uhland's gedichte*, chagrin vert Metternich ; tranche dorée ; dessin de double filet entrelacé, mosaïqué ; le dos, en rapport avec les plats, n'ayant pu recevoir que quatre nerfs, n'était pas d'un bon effet ; le titre ne se composait que de deux lignes, lesquelles étaient trop resserrées entre elles ; elles avaient, en outre, le grave défaut de n'occuper que la partie supérieure de la pièce, laissant par conséquent un très grand espace vide à la partie inférieure. Quant à l'exécution de la dorure des plats, elle était assez défectueuse en ce que les espaces formant des entrelacements de certaines formes n'étaient pas conservés avec précision, ce qui laissait, par exemple, apercevoir un carré plus ou moins grand ou long aux parties parallèles du dessin, là où ils eussent dû se trouver très exactement semblables, et de même pour d'autres diverses formes de la composition du dessin ; on y pouvait, enfin, reconnaître une main insuffisamment exercée pour ce genre de travaux de précision, tout en entrevoyant, de la part de l'artiste, beaucoup d'aptitude et de goût. Aussi avons-nous remarqué avec satisfaction que le musée de Berlin avait fait acquisition de cet ouvrage, qui avait au moins le rare mérite d'avoir été, de tous points, exécuté par l'exposant lui-même.

Pour terminer notre appréciation sur cet ouvrage, nous devons ajouter qu'il avait des gardes en soie proprement travaillées, mais n'était orné, à l'intérieur, que d'une simple roulette, ce qui était insuffisant et contrastait avec le luxe dépensé à l'extérieur du volume. Quant à la dorure sur tranches, elle laissait bien à désirer, ainsi que le corps d'ouvrage qui n'avait pas ce fini que l'on rencontre dans les reliures exécutées par des mains exercées aux travaux d'amateurs. Nous avons aussi remarqué que le tout était cometé, la tranchefile pouvait seule y être admise.

Un volume in-8°, veau fauve mat; même ouvrage, même dessin, mosaïqué vert, ayant en plus une espèce de losange composé de filets doubles, entrelacés et mosaïqués rouge; ce travail, d'une exécution extrêmement difficultueuse, en ce que le veau était conservé mat, était très proprement traité, bien que laissant apparaître les mêmes regrettables défauts que nous venons de signaler plus haut.

Un volume in-8° (exemplaire de 15 vol.), *Conversation's lexicon*, demi-cuir de Russie lisse à coins, ébarbé, tête dorée. La dorure du dos en était très proprement exécutée, elle se composait d'un encadrement or, coins et milieu; le reste du travail étant très ordinaire, ne mérite pas une mention spéciale. Nous en dirons autant d'un certain nombre d'ouvrages divers (demi-reliure) contenus dans la vitrine.

Nous nous plaisons cependant à constater que, de tout ce que nous avons vu exposé par nos collègues de Vienne, c'est à M. Kritz que revient la plus grande part d'éloges, M. Kritz n'ayant, au moins, exposé que ses œuvres à lui-même, ainsi que nous le disons plus haut, non des ouvrages exécutés à Paris.

MM. WUNDER ET KŒLB, etc. (Maroquinerie). — Délégués spécialement pour la *reliure*, nous n'avons pas à nous préoccuper de travaux se rattachant à la *maroquinerie*, cette spécialité étant représentée par la Délégation des portefeuillistes; pourtant nous ne saurions passer sous silence l'admiration que nous avons éprouvée à la vue des travaux splendides exposés dans les vitrines de MM. Vunder et Kœlb, de M. Vemans, de M. Klein et de M. J. Low, de Vienne. Ces industriels ont exposé des albums, des buvards, des coffrets, etc., d'un luxe superbe.

Nous y avons remarqué des incrustations sur maroquin, mosaïquées soit de maroquin, soit de veau, celles-ci représentant des sujets peints, d'une parfaite exécution, ainsi que des travaux en peau de *phoque* d'un excellent effet; il s'en trouvait même en peau de *crocodile* ; l'emploi de cette matière, soit dit en passant, nous a paru offrir plus de bizarrerie que d'élégance.

Nous avons remarqué aussi dans la vitrine de la maison ROLLINGER, de Vienne, des registres dont les travaux extérieurs, se rattachant à ceux de la reliure, nous ont produit la plus agréable impression. Les ornementations de ces ouvrages nous ont paru d'une excellente exécution, et ce n'est pas sans regret que nous avons eu à constater l'absence complète de toute reliure dans cette exposition d'une maison qui, nous le savons, s'en occupe d'une façon spéciale.

ALLEMAGNE

Richard LESSER, de Stuttgard. — Collection de demi-reliures dorées au balancier et d'emboîtages d'une exécution très ordinaire.

Maison HALBERGER (librairie). — Même genre d'exposition que ci-dessus.

Ratisbonne (nom ignoré). — Livres liturgiques : missels, bréviaires, etc.

Un des missels est seul digne d'attirer l'attention de l'amateur. Cette reliure, faite en velours grenat, avec ornements d'émaux et de bijoux, est d'un effet qui flatte la vue. Nous ne pouvons savoir si la valeur qui lui est attribuée n'est pas exagérée, n'étant pas aptes à juger du prix des ornements qui en font toute la beauté; cet ouvrage est coté 1,000 florins (2,500 francs).

KAEMPTEN. — Plusieurs volumes de piété en peau de truie blanchie; l'un d'eux surtout (missel) était d'un genre monastique à tranches rouges, avec courroies pour fermetures, et imitant parfaitement le type ancien.

Un *Graduale romanum*, peau de truie à relief et d'une assez bonne exécution.

L'Allemagne, qui eût été à même d'être représentée pour les reliures, ne l'était que d'une façon très peu remarquable, cela nous a surpris. Nous avons constaté surtout l'absence complète de reliures provenant de Leipsick, qui renferme des graveurs émérites pour la reliure, et c'est avec satisfaction que nous avons pu observer, dans l'exposition de cette ville, des plaques et fers à dorer, qui nous ont paru d'une excellente exécution.

ITALIE

Maison Vezzozi, de Turin. — Grands albums avec reliefs *superposés*, d'un bon effet.

Un grand oblong, vache russe dentelle.

Un in-8° : H. Taine, *Voyage aux Pyrénées*, maroquin Lavallière, poli; dorure genre Grolier, tranches ciselées, d'une assez bonne exécution.

La dorure de tous ces ouvrages, qui était d'un bon effet, nous a paru porter le cachet français.

Là s'arrête la nomenclature des produits, concernant notre spécialité, qu'il nous a été possible d'observer, dans les conditions énoncées, à l'Exposition de Vienne.

Nous croyons pouvoir en déduire qu'aucun progrès ne s'y est manifesté touchant la reliure, et que les travaux les mieux exécutés étaient encore d'origine française.

Nous allons maintenant répondre de notre mieux au douzième et dernier point dont nous avons à nous occuper pour satisfaire au questionnaire que nous avons reçu de la Commission corporative.

Voici les quelques réflexions que nous suggère cette *question* si difficile à résoudre :

12° *Formuler un projet de coopération, basé sur divers systèmes d'associations connus.*

En dépit des efforts tentés jusqu'à ce jour pour améliorer le sort des classes laborieuses, la situation n'est guère changée. C'est en vain que le travailleur se plaint de sa position ; il en est qui trouvent que ce n'est, chez lui, qu'envie, jalousie, ambition !...

Est-ce donc être bien ambitieux que de souhaiter qu'en travaillant chaque jour selon ses forces (et souvent au-dessus !), le travailleur puisse subvenir à tous ses besoins et à ceux de sa famille ?... Est-ce donc trop ambitionner que de prétendre à pouvoir, si le travail manque, ne pas pour cela se trouver réduit à la plus profonde misère, avec les siens ?... Est-ce donc aspirer à trop de bien-être que de souhaiter que le travailleur, après avoir versé ses sueurs pendant tout le temps de sa virilité, et dès son enfance souvent, pour produire selon ses forces, ses talents, son intelligence, puisse obtenir, au temps de la vieillesse et des infirmités, un asile assuré où se trouvent le confortable et l'insouciance du lendemain ?...

Ne faut-il pas cependant qu'enfin l'on songe sérieusement à rendre impossible le retour de toutes ces calamités auxquelles est vouée la classe laborieuse, celle qui produit tout ! celle qui fait sortir de terre ces palais et ces châteaux où se reposent ceux qui ont le moins fatigué ?...

Il est donc indispensable, croyons-nous, que dans notre industrie, comme dans toutes (car tout s'enchaîne ici-bas !), on mette en usage tous les moyens possibles pour qu'à l'avenir le salaire de l'ouvrier soit réglé de telle façon qu'il puisse lui suffire pour subvenir à tous ses besoins.

Qu'on étudie cette question sans relâche jusqu'à ce qu'elle soit résolue d'une façon décisive !... Là se trouve le salut de la société !

Que le travailleur s'efforce donc, de son côté, d'une façon toute spéciale, adoptant une vie sobre et régulière qui l'aide dans ses économies, et à l'aide d'institutions ayant pour base la solidarité, de s'affranchir des maux que l'avenir peut lui réserver, s'il n'a su joindre ses efforts à ceux de ses collègues pour s'abriter contre les horreurs du lendemain; car il faut qu'enfin il puisse vivre en travaillant; qu'il puisse, s'il manque de travail, ne pas cesser, pour cela, de pouvoir manger, se vêtir, se loger, etc.; que s'il tombe malade, toutes ces conséquences ne l'accablent plus, lui et les siens; que s'il devient vieux ou infirme, une existence heureuse lui soit réservée!... et que tous puissent enfin recevoir une éducation et une instruction qui en fassent des hommes, non des machines!

Si ceux qui disposent des moyens de travail et de nos destinées ne peuvent nous aider efficacement à nous soustraire aux malheurs qui ont accablé la partie déshéritée de la société humaine pendant des siècles, aidons-nous nous-mêmes! et qu'à force de privations et d'union, nous sachions nous rendre dignes de cet affranchissement que, si ardemment, nous souhaitons tous conquérir pacifiquement, ne nous bornant pas, chacun de nous, à espérer, inactifs, profiter un jour des résultats acquis par nos camarades au prix d'un dévouement persistant et d'abnégations sans nombre, sans y avoir contribué de toutes nos forces. A l'œuvre donc, sans plus tarder, car le temps presse et nous souffrons tous!...

Mais comment porter à tant de maux un soulagement pratique et immédiat?...

Nous allons essayer d'émettre nos idées sur ce sujet si capital :

Un des remèdes à nos maux est assurément l'association. Mais il y a bien des modes d'association; il s'agit d'adopter le meilleur et de chercher préalablement les moyens indispensables pour le mettre en pratique.

L'on connaît déjà les excellents auxiliaires que nous possédons pour combattre nos misères :

Les Sociétés de consommation, de production, etc.

Les Sociétés de consommation, dont les bénéfices, étant capitalisés, pourraient être abandonnés en vue de former le fonds social d'une Société de production, seraient, nous le croyons, avec d'autres avant nous, un des plus puissants

moyens pour atteindre le but que l'on pourrait se propo-
ser : celui de fonder un atelier coopératif.

Nous croyons bon de citer à ce propos l'appréciation d'un
docteur en droit sur la coopération, tout en ne partageant
pas son opinion sur les lumières du travailleur qui, selon
nous, sont moins restreintes qu'il ne le suppose ; car de
nouvelles preuves révèlent, chaque jour, le progrès accompli
dans les idées de la masse. Voici comment s'exprime cet
écrivain, dans une petite publication de 1874 :

« La coopération n'est pas un remède à tous les maux,
ni un moyen de fonder le bonheur universel : c'est une
œuvre difficile, qui demande des hommes intelligents et
persévérants ; car ceux qui veulent fonder des associations
doivent s'attendre, de prime abord, à des difficultés et à
des sacrifices de toutes sortes. Mais ce n'est pas non plus
une institution qu'on doive réduire aux proportions d'une
caisse d'épargne.

« La coopération est destinée à donner au travailleur ce
qui lui manque aujourd'hui : le moyen d'obtenir sécurité
et garantie pour son avenir. *Elle est destinée surtout à former des hommes et des caractères.*

« Le vent est aujourd'hui à la louange lorsqu'on parle
des ouvriers, mais quiconque les a vus et pratiqués sait
bien (c'est chose triste, mais c'est chose vraie !) que, parmi
eux, il y en a trop qui sont fort ignorants et sans prévoyance, vivant volontiers au jour le jour, parlant souvent
de leurs droits politiques ou autres, mais les connaissant
très mal et se trouvant peu capables de les exercer.

« Voilà l'état dont il importe de les faire sortir, et la coopération est un puissant remède.

« En obligeant l'ouvrier à accumuler ses épargnes, elle lui
donne le goût et l'habitude de l'économie. En le chargeant
de la direction ou du contrôle de la direction d'une affaire,
elle lui apprend à penser et à agir ; elle le forme à la pratique des assemblées et des mœurs parlementaires ; elle lui
impose la nécessité de bien choisir ses mandataires, et
de considérer pour cela, non leurs paroles, mais leurs
œuvres.

« En un mot, elle prend des serfs et en fait des citoyens.

« Elle a donc un but intellectuel et moral, autant et plutôt qu'un but matériel.

« Voilà ce que doivent considérer, et ceux qui parlent de la coopération, et ceux qui veulent la mettre en pratique.

« Signé : P.-HUBERT VALLEROUX,

« docteur en droit. »

Nous ne pouvons que remercier M. Hubert-Valleroux de sa franchise et lui en savoir gré. Ceux qui nous découvrent ainsi nos infirmités (seraient-elles exagérées !) nous servent bien mieux que ceux qui nous flattent, et nous nous ferons un devoir sûrement de méditer profondément sur plusieurs points de son travail.

Les Sociétés de crédit mutuel, dans chaque corporation, pourraient aussi faire sur leurs fonds des prêts aux institutions coopératives; nul doute que tous les membres qui les composent ne trouvent que ce serait là faire un excellent emploi de leurs économies et un moyen certain d'attirer de nouveaux adhérents, chose désirable, car le *nombre fait la force !*

Il est bien regrettable que cette institution, qui date déjà de quelques années dans notre corporation, ne soit pas encore assez connue, par conséquent trop peu développée; car c'est là un moyen bien efficace de faire comprendre à tous, les bienfaits de la solidarité et de faciliter l'organisation d'un Syndicat ouvrier auquel les chefs d'établissements donneraient, certes, leur sincère adhésion, y découvrant le procédé le plus équitable pour régler les différends pouvant survenir dans la corporation.

Nous ne pouvons, de même, laisser échapper ici l'occasion d'exprimer des regrets en songeant au nombre trop restreint composant aussi la Société de *secours mutuels* dans notre corporation, dont la fondation remonte à 1857 (qui, néanmoins, prospère et fonctionne parfaitement), et dont l'utilité est immense. Combien l'ouvrière ou l'ouvrier qui se voit surpris par la maladie, se trouve heureux pourtant d'avoir droit (entre autres avantages et moyennant une cotisation mensuelle de 2 fr. et 1 fr. 50 pour les femmes) aux soins d'un médecin et aux médicaments; puis à 2 fr. par journée de maladie, 1 fr. 50 pour les femmes, etc. !

Se peut-il qu'un si grand nombre, parmi nos Collègues, restent insouciants à ce point sur leur avenir, et préfèrent, quand le mal vient les saisir, être réduits, la plupart, à la triste nécessité de faire passer des listes de souscription dans les ateliers pour leur venir en aide! Certes, cette Société a un but défini dont elle ne peut s'écarter, mais, en faire partie, c'est faire acte de prévoyance; car, s'il est bon de faire des épargnes pour lutter contre les éventualités industrielles, il n'est pas moins sage de s'assurer contre les éventualités de la santé, dont la fragilité est si grande.

Que chacun y songe!... car c'est là aussi un soulagement aux maux que nous avons à combattre.

Nous croyons avoir rempli consciencieusement notre tâche, nous la terminerons en faisant suivre notre travail d'un court résumé de nos vœux.

Nous ne nous étendrons pas ici sur ce qui, déjà, a été si souvent écrit touchant les besoins de la classe ouvrière; nous croyons bien faire en n'en donnant qu'un aperçu sommaire, à titre de Mémoire, de ce que nous avons énoncé dans le courant de notre travail.

Voici donc ce que nous croyons indispensable à l'accomplissement des vœux que nous croyons formés par nous tous, qui savons combien il serait doux à l'ouvrier de travailler avec l'assurance d'un heureux avenir en retour d'une existence utilement employée :

1° Que les travailleurs, usant des droits qui leur sont acquis, unissent leurs efforts en vue de créer au plus tôt des ateliers coopératifs dans leurs industries respectives; c'est là, croyons-nous, que réside le vrai moyen d'affranchissement pour les hommes de bonne volonté.

Nous avons mentionné, au nombre des moyens les plus efficaces pour atteindre ce but, les ressources que peuvent fournir les Sociétés de crédit mutuel, de consommation et de production, pouvant faire servir leurs réserves à la fondation d'ateliers coopératifs ; aux corporations de s'entendre entre elles pour y procéder successivement.

2° Nous voyons comme nécessaire, pour réaliser dans notre corporation, comme dans toutes, les bienfaits auxquels elle peut aspirer, l'organisation d'une Chambre syndicale ouvrière dont la Société de crédit mutuel pourrait prendre l'initiative ; de là découlera, pour toutes les corporations, la facilité d'organiser pour tous, l'instruction et l'éducation générales et professionnelles, ainsi que l'adoption de mesures d'intérêt général dont les Chambres elles-mêmes auraient mission de surveiller et assurer l'exécution ; ces Chambres, formant entre elles une union syndicale, les représentant toutes.

3° Afin de réaliser tous les projets devant contribuer à mettre fin aux calamités que nous déplorons et dont les conséquences se font sentir sur la société en général, nous croyons indispensable de pouvoir user sans restriction du droit de réunion ; car, sans cela, point de cette liberté qui honore un pays et dont le nom décorerait en vain tous nos monuments publics et nos propriétés nationales.

Sans liberté, point de moralisation, point de dignité. Nous sommes en possession du suffrage universel ; qu'il soit pour nous un moyen d'obtenir satisfaction à nos besoins.

4° Nous croyons aussi que, pour éclairer les corporations sur les questions ouvrières, la création d'un journal, dépendant uniquement desdites corporations, serait d'une extrême utilité et un puissant moyen de moralisation pour tous.

Tels sont les points fondamentaux qui doivent faire l'objet de nos méditations pour atteindre les résultats après lesquels nous aspirons.

Le travail, qui fait notre seule fortune à nous, est ce qu'il y a de plus honorable ; mais il faut que cette fortune, qui ne se compte pas en espèces, puisse procurer à chacun et aux siens le bien-être en tout temps, même au temps des infirmités et de la vieillesse ; trop juste récompense d'une vie laborieuse et exempte de blâme. Mais si nous voulons que toutes ces aspirations ne demeurent pas à l'état de vœux (comme tant de fois déjà !) redoublons tous de courage, unissons-nous pour améliorer l'état de choses dont nous souffrons depuis si longtemps, et surtout hâtons-nous, si nous voulons en ressentir les effets; car la vie est de bien courte durée et, trop souvent, hélas! on a lieu de regretter d'avoir remis au lendemain ce qui pouvait être fait la veille.

Puissions-nous être assez heureux pour avoir pu, à force de bon vouloir, répondre à ce que pouvaient attendre de nous ceux d'entre nos Collègues qui nous ont fait l'honneur de nous choisir pour représenter notre industrie à l'Exposition de Vienne!

C'est là notre désir le plus ardent et nous serons bien largement dédommagés des efforts que nous aurons tentés pour y parvenir, si nous avons contribué à faire pénétrer dans le cœur de tous nos Collègues cette vérité :

Que tout effort pour le salut, doit rester stérile sans l'Union qui fait la Force!

Que la Lumière soit!

Les délégués :

C. CHAPALAIN.
A. FOCK.

EXTRAIT DES PROCÈS-VERBAUX DES SÉANCES DE LA COMMISSION DE LA RELIURE POUR L'ENVOI DE DEUX DÉLÉGUÉS A L'EXPOSITION DE VIENNE DE 1873.

Compte rendu de la séance du 4 mai 1873.

Président de la séance, le citoyen Chapalain.

La corporation des Ouvriers Relieurs ayant été invitée à se faire représenter à l'Exposition de Vienne de 1873, la Société de solidarité de la reliure en a pris l'initiative, en convoquant en assemblée générale tous les ouvriers et ouvrières de ladite corporation pour le 4 mai 1873, dans le petit amphithéâtre de l'Ecole de médecine, afin de nommer une Commission préparatoire pour élaborer un questionnaire qui pût être présenté aux délégués qui seraient envoyés à l'Exposition de Vienne.

Diverses questions d'intérêt local sont résolues. On procède à la nomination des membres de la Commission par voie de scrutin.

Les citoyens Dumont, Vassal, Godefroy, Rocher, Fort, Lacourte, Moulland, Vinardi, sont nommés membres de la Commission préparatoire.

Le citoyen Boyenval est délégué près la Commission générale du travail.

Le citoyen Lacourte est nommé secrétaire de la Commission préparatoire.

La séance est levée à quatre heures et demie.

Le secrétaire,

BELLEFONDS.

Séance du 20 juillet 1873.

Président : le citoyen Boyenval; assesseurs : Vinardi, Boudier; secrétaire : Bellefonds.

Le président Boyenval, délégué par la corporation à la Commission de travail, déclare qu'il a des renseignements à donner, et que, du reste, le citoyen Chabert expliquera, mieux que lui, les détails et les décisions de la Commission du travail, ainsi que les renseignements à fournir aux membres de la corporation.

La parole est donnée au citoyen Chabert. Il explique que la commission du travail n'a pas été dissoute, mais empêchée seulement. Nous avons dû, ajoute-t-il, continuer après interruption, et sur les quarante commissions environ des diverses corporations qui se sont fait représenter près la commission de travail, il a fallu débattre les conditions et le nombre de délégués par corporations. Toutes celles qui ont versé la somme de 400 francs ont droit à deux délégués;

les corporations qui ont versé plus ont droit à trois délégués ; et, quoique la corporation de la reliure n'ait versé qu'un maximum suffisant pour un délégué, dans un intérêt de solidarité qui est une des raisons primordiales de la souscription, il sera néanmoins fait droit à la demande de la corporation des relieurs, s'ils déclarent et justifient du besoin pour eux d'envoyer deux délégués. Puis, il donne divers renseignements qui suivent, relativement aux délégués : tout citoyen marié a droit à 5 fr., ses enfants à 1 fr. par tête ; un délégué garçon à 3 fr.

Le voyage devra durer quatre jours, à 5 fr. par jour à chaque ouvrier. En raison des diverses considérations, il explique les conditions dans lesquelles les délégués se trouveront. Il dit qu'il n'y aura pas de discipline, et que la Commission exécutive n'a pas cru devoir en accepter aucune.

On a voulu faire croire que, dans la réunion d'un groupe d'ouvriers relativement nombreux, il y aurait d'autres questions et un autre but que celui tracé par le programme sur les questions de production et d'économie, nous faisons bon marché de semblables calomnies, et j'ajouterai, dit-il, que, malgré notre degré d'ignorance, il nous est impossible de ne pas nous occuper de la question de production, et que cette délégation est d'un intérêt général et surtout de celui des patrons.

Du reste, dit-il, en terminant, une réunion composée d'un grand nombre de membres ne peut pas être entraînée comme le pourrait être une assemblée de quelques membres seulement.

Le citoyen Boyenval pense que la corporation pourra bien suppléer aux fonds qui manqueraient pour l'envoi des deux délégués dont la corporation a besoin.

Le citoyen Rocher a la parole pour donner le compte du rapport financier, dont il résulte que la somme de 145 fr. 05 c. a été versée à la caisse générale ; il reste en caisse la somme de 9 fr. 75 c. Le citoyen Fort fait part que la liste n° 11 monte à la somme de 43 fr. 50 c. ; elle vient, dit-il, des doreurs sur tranche.

On procède, après dix minutes de suspension de séance, au choix des candidats délégués, et parmi eux un certain nombre se désistent. Néanmoins, l'assemblée est invitée au silence pour le scrutin, qui donne le résultat ci-après ; malgré le refus formel du citoyen Chapalain d'être porté candidat, les votes donnent le résultat suivant :

Fock (Albert......... 43 voix.
Chapalain........... 32 —

22 voix sont portées sur les citoyens Mousset, Vassal, etc.

En conséquence, les citoyens Fock (Albert) et Chapalain sont proclamés Délégués à l'Exposition de Vienne.

L'assemblée, en outre, est invitée à procéder à la nomination d'une Commission qui devra remplacer la commission préparatoire démissionnaire, pour présider à la confection du rapport et se mettre en relation avec les délégués et servir d'intermédiaire entre eux.

On vote par assis et levé ; par le résultat, sont nommés les citoyens dont les noms suivent pour faire partie de cette commission, savoir :

Dumont, Marquand, Vassal, Héry, Legris, Boyenval, Rocher, Fort (Victor), Moulland, Vinardi, Godefroy, Bellefonds.

Le citoyen Bellefonds est nommé secrétaire.

La séance est levée à quatre heures et demie.

Le secrétaire,

BELLEFONDS.

Paris. — Imp. Nouv. (assoc. ouv.), 14, r. des Jeûneurs. — G. Masquin et Cᵉ.